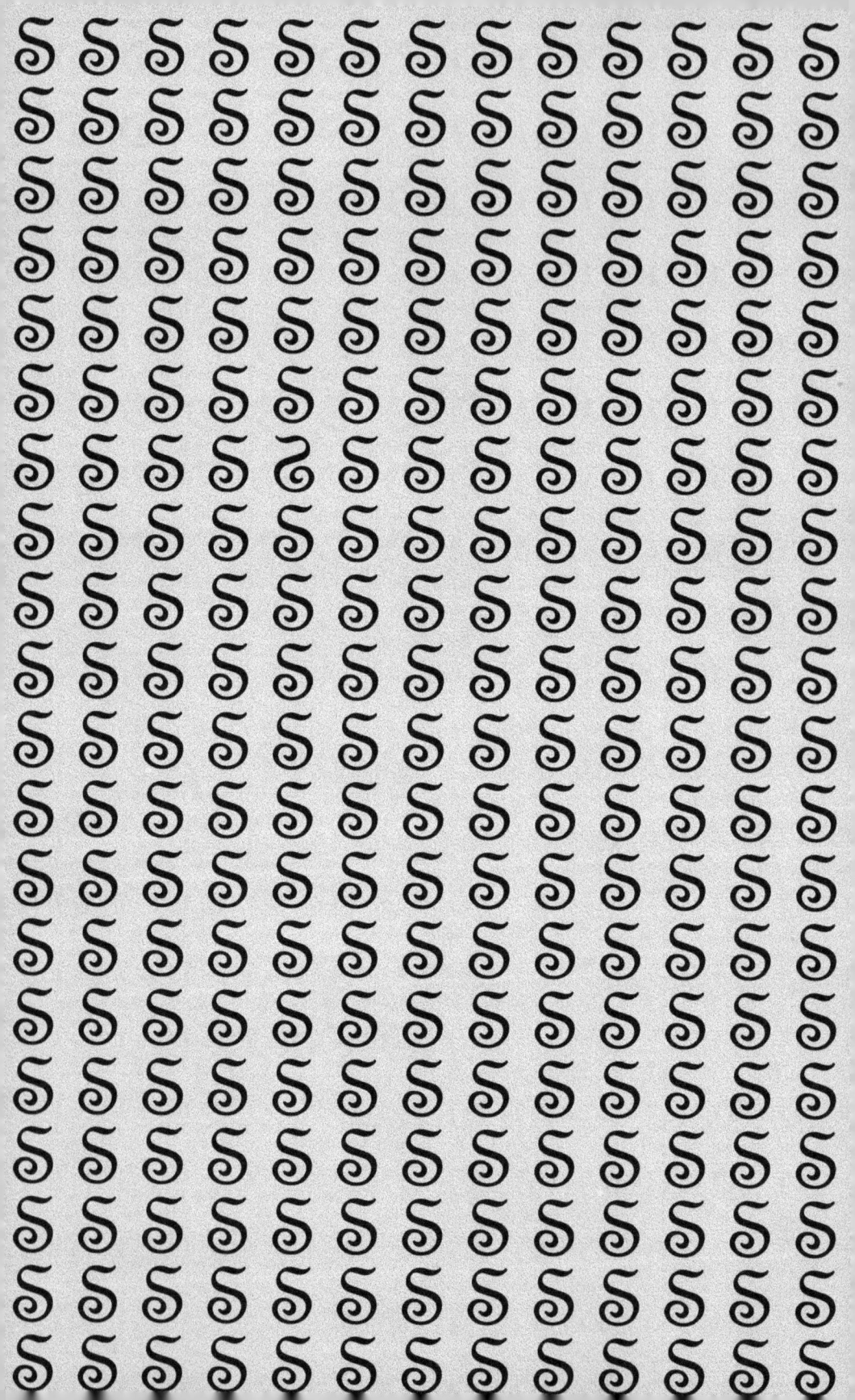

Con un Wantán Atorado en el Alma

Con un Wantán Atorado en el Alma

Alejandro López Palacios

Poetisos al Sur del Mundo

Editorial Segismundo

© Editorial Segismundo SpA, 2013-2021

Con un Wantán Atorado en el Alma
Alejandro López Palacios
Colección Poetisos al Sur del Mundo, 1

Segunda edición: Marzo 2017 (corregida y aumentada)
Versión: 2.0
Copyright © 2013-2021 Alejandro López Palacios

Contacto: Juan Carlos Barroux <jbarroux@segismundo.cl>
Edición de estilo: Juan Carlos Barroux Rojas
Diseño gráfico: Juan Carlos Barroux Rojas
Diseñador de la portada: Juan Carlos Barroux Rojas
Fotografía de la portada: Juan Carlos Barroux Rojas
Fotografía de la contraportada: Florencia López

Registro Propiedad Intelectual N° 209.660
ISBN-13: 978-956-9544-47-7

Otras ediciones de

Con un Wantán Atorado en el Alma:

Impreso en Chile
ISBN-13: 978-956-9544-73-6

Tapa Dura – Amazon™, etc.
ISBN-13: 978-956-6029-54-0

POD – Amazon™, EBM®, etc.
ISBN-13: 978-956-9544-47-7

eBook – Kindle™, Nook™, Kobo™, etc.
ISBN-13: 978-956-9544-55-2

Audiolibro – Audible™, etc.
ISBN-13: 978-956-9544-74-3 (Retail)
ISBN-13: 978-956-9544-75-0 (Library)

Florencia (5 años):
Las estrellas brillan sin llorar
Las luces se encienden y se apagan
La luna es un sol frío.

Matías (11 años):
Mejor escribe que soy el mejor hijo del mundo.

(A modo de dedicatoria, pedí a mis hijos que me
dieran algo para esta página.

Este libro, como todo lo que hago, es para ellos)

Prólogo

Todos íbamos a ser Jim Morrison
para soñar con reptiles despechados
y nadar en mares de Jack Daniel´s

C on estos versos, don Alejandro López Palacios, quien podría ser tildado de irracional o demasiado racional, postmoderno, irreverente, surrealista, cartesiano, escatológico, perfeccionista y futbolero, entre otras cosas, pero que no gusta de ser llamado poetiso, canta de los sueños perdidos en esta terrible realidad actual, urbana y sin mayor sentido, porque "No hay *big bang* que lo explique / o pueda justificar", en la cual deambula "con un wantán atorado en el alma".

Hay que pegarse el alcachofazo:
en estos rincones urgentes
de nada sirve
la poesía de zombies para zombies

Como buen ingeniero, paciente observador de minúsculas sílabas, cuidadoso calculador de imponentes sonetos, orfebre de los ritmos y cadencias, busca en su *Ars poetica*, la teoría y la práctica de la métrica precisa y de la rima balanceada, concluyendo que "la poesía es el chirrido de uñas en un tejado vecino".

Los jardines no se crean ni se destruyen
sólo cambian lentamente
ante la mirada de una Mantis.

Acaso su mayor gracia es la inefable virtud de no tomarse en serio, de no enrarecer el escaso aire llenándolo del sempiterno ego de los malos poetas, de esos dados a:

ir al baño y salir con un poema
vivir de los concursos literarios
tener buenas reseñas en los diarios
venderse por tres chauchas al sistema

Juan Carlos Barroux R.
Al Sur del Mundo, 10 de marzo 2017

Autoprólogo

Leo estos versos como si fueran de otro
(Enrique Lihn)

L a poesía es un autogol de rabona: algo sublimemente inútil, ridículamente bello; apenas un disparo de salva al aire o un salto al vacío en duermevela, incapaz de cambiar el mundo o de hacer brotar palomas de los bolsillos. Testimonio de la impotencia de quien escribe, o la del otro, ese otro que nos habla desde el interior aunque a nadie más le pueda interesar, salvo tal vez a la muchacha que en alguna ocasión cortejamos con versitos ridículos, o al lector desprevenido al que pudiere dibujársele una sonrisa cómplice.

La ciudad es hostil para el que observa. Por eso el ejercicio de abstraerse, de alejarse y ver todo como a través de una pantalla suele aliviarnos. Hay aquí varios hablantes, o mejor dicho un sólo hablante con diversos registros que van desde lo contemplativo a lo estridente; un conjunto de voces que -más que dialogar- monologan al unísono con un telón de fondo común, en una suerte de cóctel o derechamente un revoltijo de nostalgia, rabia, ternura y mala suerte. Estos poemas corresponden a una selección personal de lo escrito entre 2005 y 2017, pero los une esa mirada perpleja, ausente sin aspirar a ser aséptica, de un hablante que parece enfrentado a rumiar la tragedia de levantarse todos los días, seguir la fila de hormiguitas al trabajo y dejarse llevar por una cotidianeidad que se le hace demasiado incómoda: un espectador en el cinemascope de la vida, de lo que acaba siendo una mala película de serie B.

Alejandro López Palacios

moscas

Me distraigo mirando esas moscas

volar oscuras al encuentro

de su propia antítesis

De su pequeñez asoma

una mirada infinitesimal,

caleidoscópica

Ejemplar modo de vivir el de las moscas:

persiguiendo un instante.

Alejandro López Palacios

la Mantis

1

Orgullo de la Mantis en el jardín de atrás

llevando a todo garbo su hábito inexistente

-pasea su gracia, no más, diría alguien-

Despliega su concisa anatomía

para delirio de entomólogos

como si quisiera tapar la boca a quienes

buscan emparentarla con una insípida langosta

-por decir algo- solemne dentro de su orgullo

intrínsecamente capaz de protagonizar

un programa de la *National Geographic*.

2

Se sueña inmune a pisotones

entre las hojas resecas

Con energía cinética despreciable a nuestra vista

inicia su rutina que parece de *Tai Chi*

sin preguntar a nadie si nació demasiado

Deshoja tardes ásperas

secretamente implorando trascender

-otras tardes, otros jardines-.

3

El universo de la Mantis no se expande

No hay *big bang* que lo explique

o pueda justificar. Algo o Alguien a quien rinde
[pleitesía

seguramente sonríe en un rincón verde

a imagen y semejanza de un estampado chino.

4

Solitaria, sueña a veces

con otras mantis que saltan una cuerda

Sueña con épicos festines en un jardín japonés

Bajo la manta de la Mantis –que no es manta

ni lo fue jamás, para qué engañarnos- duerme

la posibilidad de otros sueños.

5

Varios pasan: irreverentes caracoles,

sacrílegos saltamontes. Nuestra Mantis

soporta sus burlas seculares

agazapada, reza las vísperas.

6

Llegado el momento

parece que los gestos se le vinieran abajo

Entonces no hay genuflexión que valga:

el propio ocaso le parece absurdo

Los jardines no se crean ni se destruyen

sólo cambian lentamente

ante la mirada de una Mantis.

Alejandro López Palacios

estación terminal

Era como volver a las pirámides

O peor: a los cometas, decían

Era como volver

parcialmente luces voces dices

nueces aún cuando crujieron los túneles

diremos digan diría Babel

serpenteando de tiempo en tiempo

vidas que divergen a mil mares

por minuto -eso es de otro

poema- y sin embargo

caen por su propia geografía

con paso seguro en aproximaciones torrenciales

No hay perro

que ladre ni muerda:

todos los pasajeros

deben

descender.

imago

1

Estrangular la letra, sacudir

esa caja con restos de una angustia

amoratada ya. No es miedo

lo que insinúa el trazo

sino rabia

la rabia

repetida y voluptuosa la misma

que ebulle la misma rabia la misma

sangre mala sangre de dientes apretados

-ya náusea, ya grito-: el poema

que nunca llega a tiempo.

2

El espíritu brilla por su ausencia. Un paquete

de tabaco y algo de nostalgia

-meras baratijas: el silbato

del afilador de cuchillos

con su antífona de pájaros-

dan la forma final. Eufemismo perfecto

para una absurda certeza:

efímeras nevando sobre el agua.

Alejandro López Palacios

poema dos

Simplificado el corazón, pienso en tu sexo,
ante el hijar maduro del día.
(César Vallejo)

entonces espiábamos por la ventana abierta

el interior de la casona

presintiendo quizá

el *estruendo mudo* de caracolas lejanas

y nos íbamos sin siquiera dejar piedrecitas

sobre un camino que nunca supimos de memoria

hoy los jardines están vacíos

queda, sí, esa vorágine de temblores

el cuarto oscuro que nos espera

y se hace menguante al confesar

que como otras veces

me dejo caer

caigamos, te digo

dejemos de lado el juego celeste

conjuguemos la gravedad en su modo más simple

-pienso en tu sexo como el poeta en sus metáforas
                                        [retorcidas-

caigamos sin más

creyendo que las sábanas hacen salir el sol

como si no hubiera tiempo para otra cosa

que esta implacable sentencia

caigamos, sin cruzar los dedos, con las manos vacías

y la boca llena de recuerdos frutales.

ejercicio

escriba un poema en no más de veinte versos

que hable sobre la inmortalidad del cangrejo

o sobre las fiestas típicas de la zona fronteriza de Sri
                                                    [Lanka

que para el caso es lo mismo –o casi-

que sus silencios sean elocuentes

que comience con un endecasílabo sáfico

que use sinestesia hipérbole anáfora

sinalefa tarántula hidrólisis

que sea sencillo directo

complejo meditabundo jurásico

sin lugares comunes

sin metáforas rebuscadas

sin parafrasear a los mismos de siempre

sin demasiado adjetivo, mierda!!

no describa no rime no explique no piense no

repita no llore no fume no escupa

no eructe no no mejor no diga nada enróllelo y
[métaselo en el culo.

Alejandro López Palacios

nunca supe mucho de Rimbaud

casi podría decir que me aburría

-perdónenme, poetas- el sonsonete ebrio

de trompas invocándolo

ese olorcillo a cosa cara a cosecha antigua

y el regusto a poeta sabiondo

como bocado de *sushi* que se repite

pintando vocales compulsivamente nunca supe

del maldito maldito maldito *Arthur*

heredero de todas las muertes

en su silencio precoz y procaz.

superhéroes

estaban supermán y el hombre araña

afuera del salón de la justicia

hablando –la ocasión era propicia-

sobre eso de Mahoma y la montaña

yo puedo –dijo uno- y no es hazaña

saltarme la cadena alimenticia

borrar de un solo soplo la inmundicia

mover un Montañón sin artimaña

decíale su amigo: yo no vuelo

ni esa montaña puedo hacer que venga

mas yo pienso que nadie necesita

mover su humanidad lejos del suelo:

por más superpoderes que uno tenga

también tiene su propia kriptonita.

soneto improvisado

de catorce por once lo construyo

de a poco se desfacen mis enredos

un cuarteto y se van todos mis miedos

al cerrar esta puerta sin barullo

llevo cinco y no puedo más de orgullo

-de contar se me cansan ya los dedos-

a mí con gongorillas y quevedos?

me los quito de encima con chamullo

el soneto es un juego como esgrima

requiere ser despierto y muy preciso

con el metro, la música y la rima

les dejo estos catorce que improviso:

sabiendo que el final ya se aproxima

un poco de pimienta y está el guiso.

soneto nipón con mucha métlica

yamaha mitsubishi miyazaki

sushi sake kabuki fujiyama

osaka fujimori kani kama

ishikawa hiroshima nagasaki

kamikaze minolta kawasaki

sudoku karaoke yokohama

miyagi yamagushi wakayama

yakitori tempura futomaki

ninjitsu tokushima kanagawa

origami sedoka kurosawa

ikebana natsumi shogun kioto

komatsu nihonshoki yamagata

arigato toyota mishibata

sayonara nagano yamamoto.

sin título, pero escrito una mañana nublada

Cada ciudad es su postal y no hay más

excepto este aire que palidece

en vórtices de palomas

anárquicas, hartas de tanto pasado

Palomas disociándose:

sinfonía rabiosa en los rincones

eclosión de soledades grises

se dispersan y dibujan

la tartamudez de las plazas

Ahora llueve. Imagino un cuadro

que cuelga torcido

tras una ventana cualquiera.

volver

y ensayar distraído la misma náusea

pisar sobre nuestros pasos de niño

golpear las puertas de un esquivo otoño

atenta la memoria a los ecos

de un 14 infame de triste mayo

que no vuelve. Pero vuelve

y el paisaje sabe otra vez a mierda

-la misma mierda-: lloran los árboles los columpios

lloran los miserables prados. Todo rueda y llora

llora y rueda nuestro destino salobre

rueda la sangre ante mis ojos

que ya casi no son míos.

Alejandro López Palacios

de pérdidas

Lo que no atraviesa se pierde

se escurre se esconde un vago prisma

se pierde mi razón impúdica

pierdo el sentido de las cosas

pierdo las putísimas llaves

pierdo el tiempo en este vicio

pierdo fuerzas

pierdo mis manos estiradas

pierdo la pinta la niña y la otra

pierdo todas las apuestas

pierdo la fuga y el punto

Pierdo el reflejo pardo

donde antes me perdía.

alcachofazo

Hay que pegarse el alcachofazo:

en estos rincones urgentes

de nada sirve

la poesía de zombies para zombies

Un conejo muerde su zanahoria

y el conejo no vuela. Ni siquiera

brota de un sombrero

La zanahoria no es verde ni fucsia ni calipso

Lo triste,

lo que verdaderamente da lástima

es que el poeta no pueda oír

el estruendo de ese mordisco.

dibuje una persona bajo la lluvia

dígame señorita cómo lo quiere

si con paraguas o anteojos

si quiere se lo dibujo con impermeable

con botas

o con traje de hombre rana

dígame si lo hago sonriente o con cara de angustia

esa angustia que usted probablemente no ha sentido

esa de llegar a fin de mes arrastrándose como náufrago

con el artes y letras bajo la axila

como nuevo testamento de predicador evangélico

y por qué "bajo" y no "sobre" la lluvia?

por qué no dibujarlo cabalgando las nubes?

o mejor, por qué no hacemos el de las manchas?

(ese sí lo conozco: donde veo

un murciélago tengo que decir mariposa

donde veo una vagina decir flor

donde veo tetas decir árbol

o mariposa de nuevo)

ya está, aquí lo tiene, analícelo

para eso estudió

pero no piense que el charco bajo los pies indica
                                        [sufrimiento fetal

(pasa que mi madre era primeriza y me sacaron con
                                        [fórceps)

no piense que soy intolerante a la crítica

y sobre todo

no vaya a notar mi fijación oral

y una que otra parafilia

no vaya a descubrir en mi dibujo

que yo a usted me la tiraría ahora mismo hasta quedar
                                                      [flaco

sobre ese escritorio lleno de las esperanzas de otros
                                                      [postulantes

nada personal señorita:

es sólo

que necesito el trabajo.

todos íbamos a ser Jim Morrison

Todos íbamos a ser *Jim Morrison*

para soñar con reptiles despechados

y nadar en mares de *Jack Daniel´s*

Todos íbamos a ser el rey Lagarto coronado

con escarapelas de cirrosis

y aullar a toda amígdala *"This is the end"*

hasta acabar en una tina de baño en algún lugar de
[Francia

sonriendo lejos de los focos

como un *Levi´s* gastado una lápida un muñeco de trapo

Pero las mejores mentes de mi generación

teníamos otros planes

Hoy somos reyes de ínsulas paupérrimas

a medio estrangular por una corbata

soberanos de la vuelta de la esquina. De vez en cuando

suena *"Love me two times"* en el *wurlitzer*
[enrostrándonos

ese tiempo primordial

en que íbamos a ser *Jim Morrison*

also sprach Beckenbauer

si mal no recuerdo tarareaba una de los ramones

con un wantán atorado en el alma

pensando en cómo hacerle una morisqueta al destino

en eso cayó la persiana

y en su runruneo perfecto nacía un espejo

lleno de perlas

si así las quieres llamar, cíclope omnisciente

como periscopio hacia otros cristales

a toda prisa

aprisaprisaprisa

taram taram   noctambulista

turín Turín   faranduloide

eco eco   celulero lero

ecolecuá   patefuá

turumbón

taram   taram

     tarambores

a toda prisa

simulacro de una muerte más profunda que cualquier
                                                    [historia

la herida procaz:

quinientos cincuenta mil penitentes

azotan sus cabezas salta el ñachi la podredumbre

hace nata el aire se enmierdece

yquejué

        yquejué

qué hay de los mientrastantos

a qué hora se come dígame alguien.

hoy se juega la final de la champions

el *Bayern* y el *Borussia* se preparan

en la pantalla de colores lejanos

la rubiedad de la escena hace difícil

imaginar en esos suelos

una cáscara de maní

o ver ahí a mi padre con toda su paciencia

como en esas dobles del nacional

a las que nos llevaba de tarde en tarde

en los años previos a entender de fútbol

o de distancias, o de la vida

pitazo inicial.

ceteris paribus

1

pasar / perder las tardes con la vista allá lejos

y sin darnos cuenta

maduran los nísperos en algún patio de la infancia

recién entonces Uno entiende que está hablando solo

y que el poema no es más que una especie de eco.

2

Uno puede de repente andar por ahí

qué sé yo: en el centro,

viendo todo como a través de una pantalla

con esa sensación de ser el único

que no entendió el chiste

entonces Uno cree que las cosas

pueden volver a ser como

cuando amapolaban las luces del día

y Uno podía pasar la tarde

enunomismado

sorbiendo la vida lentamente

y mirar hacia arriba sin pensar en nada especial

Uno piensa que en el fondo

todo eso está ahí, al alcance de la mano

y sonríe, Uno

con la misma cara de imbécil.

3

ahí por ejemplo se ve

un racimo de fachadas indefensas

de cara al sol

y la paradoja de algunas esquinas

en posición expectante, creo

(abajo la calle tartamudea)

entregado a la acción de rodar

en ángulos inconclusos o casi desconocidos:

bandejón, acera, poste, semáforo

que Uno puede ir nombrando al pasar

como podría también ir resolviendo un crucigrama

hacer girar un viejo viumáster

lamer un cubo de hielo

o intentar escribir un poema

que podría ser éste, no sé.

4

tal vez sea que las ciudades

nunca nos abandonan: quedamos estampados

en sus bitácoras

y son ellas las que llevan esta insípida nostalgia en el
[bolsillo perro

un garabato en su álbum familiar

y así pasamos: postales, como una añeja fotonovela

de lo que pudo ser otra tierra, la misma

que alguien prometió cruzando los dedos.

el hablante modera su discurso

no hay poema en este poema

ni en la rosa que mira desolada

cómo los jardines se deshacen

entre cualquier verso y el siguiente

-en el fondo no hay quién lo escriba-

no hay cadencia en estos rincones

ni en esa nostalgia secreta

de los techos que veo desde aquí

ni en el olor a carne asada

que viene del patio vecino

ni en el hecho de tener sexo

cada miércoles y viernes

tampoco hay poema en la lluvia

la misma la misma misma lluvia

"ahora sí se acabó el gas",

me dices y muerdes tu manzana.

Alejandro López Palacios

se ha escrito demasiado sobre espejos

> *And deep in mirrors*
> *They rediscover*
> *The face of the boy as he practices tying*
> *His father's tie there in secret*
>
> *(D.J)*

sus formas y sus bordes biselados

dan un toque eufemístico al paso del tiempo:

el barroquismo de envejecer

o de cortarse durante la afeitada

y ver la espuma teñirse de rojo

en el rostro empañado

la promesa de siete años de desgracias

los hace inmunes a la ira del sujeto

-en este caso un Yo difuso-

el histórico deber de los espejos

es ser espectadores silenciosos

-los espejos no lloran, les dicen desde chicos-.

en realidad hablamos de lo mismo

me dice y arquea una ceja

la imagen queda congelada

el silencio se vuelve inexpugnable.

pienso entonces quedarme en mi lugar

arrancar un pedazo de vacío,

prolongar la tensión

suspiro largo. respondo cualquier cosa:

parece que va a llover, etc.

sin título

si quieres te lo digo en bonito

o en complicado, que es otro de tus idiomas

si prefieres lo digo plagiando un discursito feminista
                                                    [sesentero

salpicado por supuesto con un par de citas: a) obvias,
                                        [o bien b) inubicables

si quieres lo hago con una catarata de adjetivos

suficiente para deslumbrar a los pajarones de turno

y arrancar la ovación acostumbrada

en el tono y el idioma que pidas

en la forma que quieras o pueda imaginar tu cabecita
[de ameba

te digo por última vez

te lo suplico

desaparece de mi vista/vida

multiplícate por cero

o divídete por ti misma y luego te extraes logaritmo

disuélvete hazte humo échate el pollo

evapórate, teletranspórtate a la mierda

llévate lo que quieras

cualquiera de mis libros

o los discos de *Engelbert Humperdinck*

lo - que - quieras, insisto

(menos el control remoto)

pero ándate

llévate tu estela de aplausos y amigos artistas

llévate tu verborragia y esquemas preprogramados

llévate tus figuras sintácticas repetidas hasta el
                                            [paroxismo

eso es todo *game over au revoir* no sé si he sido claro

aunque te cueste creerlo

hay mundo más allá de tu ombligo

y treinta versos es todo lo que tengo para ti

-ni una puta línea más-.

glosario

no diga dictadura señor

cómo se le ocurre

diga dictablanda gobierno militar democracia
[protegida

no diga tortura diga excesos

no diga fascista eso sí que no

diga mejor partidario de la centroderecha

no diga ladrón pulpero explotador

diga emprendedor creativo esforzado

no diga asesinatos diga enfrentamientos

no diga viejo culiao diga liberador de Chile del yugo
[marxista

no diga crisis diga dificultades

no diga tetas diga bubis

no diga pico diga pilín qué se ha imaginado

y agradezca

que se lo estamos advirtiendo.

on the road

hay ángeles al borde del camino

ángeles de muslos empolvados que calan los párpados

con su visión

seres con música propia cuyas ráfagas de luz

inciden de soslayo sobre el hipotálamo emergiendo

del pavimento, son ángeles, al borde del camino

llevan una vida imperceptible y desembarcan
                                    [violentamente

como cuentos paranormales en nuestras cabezas

hay ángeles al borde del camino.

la poesía es un autogol de rabona

porque no me queda otra

recojo los fragmentos de mi día

y escribo como quien cuenta los autos que pasan

o como quien borra apresurado su historial de páginas
                                                    [porno

escribo buscando el poema que me gustaría leer

por el puro gusto de plagiar con descaro

o porque no encuentro qué decir

a la mujer que se sienta a mi lado en la micro

y la miro con cara de payaso en celo

porque la encuentro parecida a *Jenna Jameson*

en el fondo es igual a *Jenna Jameson*

juro que es igualita a *Jenna Jameson*

aunque sin implantes de silicona ni pelo rubio ni
                    [corazón tatuado en la nalga derecha

pero apuesto a que coge como ella

en mi poema coge como ella, por eso escribo

escribo para reivindicar a todas las *Jennas Jamesons* que
[viajan en las micros de Chile

la poesía es el chirrido de uñas en un tejado vecino

un error experimental

un clásico en un estadio sin gente

un espantapájaros en sitio baldío

como ir descalzo a pagar una manda

y no recordar el nombre del santo

el penal que da en el travesaño

un monumento a la mala suerte

un autogol de rabona, o de chilena.

sucesión (fábula recursiva sobre conejos y margaritas)

Fibonacci

palidece

ante la

sorprendente multiplicación de

conejos que devoran margaritas dormidas

y seguramente lo harán hasta extinguir dicha especie

(dicen que la próxima era histórica será el reino de los
[conejos blancos)

y serán 21,

34,

55...

cucurucho

cuando mis palabras se acaben

y sólo se oiga el maldito tictac tictac tictac desde la
[cocina

como en un burdel a la hora de misa,

me sentaré en jardín con estos papeles

a hacer cucuruchos.

perfeccionista

ya les tengo cariño a estos poemas

de tanto corregirlos, al final

me persigue el deseo paternal

de apartarlos de rígidos esquemas

los transformé en oscuros teoremas

arrebaté su flor angelical

hoy parecen ajenos, pero igual

los reviso y les busco más problemas

los corrijo los borro los comento

los mato los estrujo los reviento

los someto a castigos inhumanos

¿para qué tantas vueltas y encerronas

tanto gasto de tiempo y de neuronas

si después se me vuelan de las manos?

teorema (1)

Cuatro veces mi mala suerte

de trazar paralelas en el aire

Cinco pétalos

dos solsticios

siete muecas de incertidumbre

si se quiebra un paisaje

Y las líneas siguen ahí

inobjetables

cuerdas de un violín desafinado.

teorema (2)

Transito la soledad de un cuarto

creciente en su afán de utilidad

-ilusión pueril de trapecios en flor-

Voy derivando en vuelo

como insecto en furibunda calma orbito

mientras espero el segundo

en que proyectaré una secante

sobre estas geometrías dormidas

para lograr de una vez

UNASOLAUNICAMALDITAVEZ

violar la certeza de los axiomas.

(La demostración sigue pendiente)

teorema (3)

doce por quince pasos

           bajando

              bajando

                bajando

quietos quietos un dos tres momia

trece y dos por seis por dos

por dios

por Dios

-por si acaso-

Todo en c áa mm aaaa r a l ee nnnn t aaaaa

un cuadro a cuadro lacónico

la humedad pareto-eficiente

seamos distributivos

y cada oveja con su zapato

lleno de piedras.

poema en el aire

para Ana Escoto

es absurda esta manía

de prohibir la palabra ternura en mis versos

y conjugar los verbos más básicos

en tiempos erróneos

teorizar sobre cosmología

retorcer la sintaxis de un temblor de mano

esconder la simpleza en fríos infinitivos

y entre un poema y otro, algo brota

que no queda escrito sino en el aire

y no es exactamente un beso:

una especie de híbrido entre la nada y un mundo.

a.m.

es simple: asumir las mañanas

dibujarse una sonrisa

con dos o tres pinceladas de otoño

respirar hondo. parece que se va el aliento

en sacar la basura tres veces por semana

saludar a las vecinas

sentir el olor a perro mojado

constatar la pérdida: entonces no nos salva

la solemnidad de los barómetros

la frase reluciente

ni la altura de miras de los queltehues

que anuncian algo, supongo.

ballenas

soñé que leía a Teillier y lloraba

en una micro como ésta.

mi vecina de asiento leía una novela rosa

con detalle de *Klimt* en su portada

ella sonreía sin culpa

parecíamos, codo a codo,

máscaras de teatro griego

ante un público indiferente.

por algún motivo eché de menos

el sudor de las siete de la tarde:

supe entonces que era un sueño.

otra noche soñé con ballenas.

nadie se ha preguntado aún por la trayectoria de los marmóreos trasatlánticos

a veces son bultos que llegan desde fiji

de remitente desconocido o ilegible

con estampillas de dibujos graciosos.

abismos que un neófito confunde con la muerte:

visión que no pasa de una de vampiros

pero si se afina la vista

con un poco de buena voluntad

se puede reconocer la estirpe,

el feliz parentesco con brújulas de otoño

y así verlos retozar en la arena

disfrazados de naufragio.

a sasha grey

por ti quise parecerme a *johnny sins*,

me depilé completo y quedé como cetáceo.

te envié cientos de invitaciones de *candy chush*

soñaba con ser, por último

un error de edición: la sombra de un tramoya

o haz de luz en tu espejo

ese recorte de color indefinible

sobre el espacio del muro

pero ya que estamos en esas, dime:

¿qué decía la firma que ponías en los contratos

una vez que la pantalla se oscurecía

y limpiabas de tu cara los restos de la acción?

dime por favor que no aspirabas

a un cameo en el cine b, como *ginger* o *traci*

dime que no te vas a convertir

en otra de esas viejas

con gatos de nombres cacofónicos.

Alejandro López Palacios

Ser Tú

ser tú un día, un rato.

un lapso, un día

sentir por ti

tocar, ver, oler

no digo como tú: Ser tú

un día

despertar una mañana y ser tú

un rato por un rato por la mañana

trepar por la mañana

trepar con tus manos

con tu vista

no digo ver lo que ves: con tus ojos

un rato una mañana

tomar una pastilla de chiquitolina

meterme en tu cabeza

no digo tenerte: Ser Tú, un día

una mañana

un rato

una vez.

como un tótem a punto de caer

así las cosas, no me vengan con frivolidades:

el sonido de cartón piedra

cortado por un cuchillo

o la polilla que vuela a calcinarse

en la práctica son casi lo mismo

así el rugido ahogado de algo que parece un perro

ante la inminencia de un temblor

o esas partículas cuya existencia no excede el escritorio,

 la imaginación, la obra, el poema están ahí: arista

entre lo cotidiano y el abismo

aunque abismo pueda sonar a mucho

no es gran cosa, todos lo sabemos.

soneto profesional

ir al baño y salir con un poema

vivir de los concursos literarios

tener buenas reseñas en los diarios

venderse por tres chauchas al sistema

comer o no comer es el dilema

y a nadie lo alimentan diccionarios

a mí no me avergüenza ni aproblema

ver mi fotocolor en calendarios

aparecer en toda antología,

pergaminos de feria artesanal

o en actos culturales del gobierno

que el cielo me perdone la herejía:

si hubiera un beneficio sustancial

iría a recitar al mismo infierno

Biografía del autor

Alejandro López Palacios

Alejandro López Palacios

S antiago de Chile, 1970. Estudió Ingeniería Civil en la Universidad de Chile. Tardío en el asunto de escribir versos, ha publicado *Siempre expuesto al ridículo* (2006) y *De pérdidas. Apuntes de entomología* (2011). Junto con ejercer su profesión, ha desarrollado su actividad literaria participando en talleres (a veces como asistente y otras como guía) y colaborando en algunas revistas. Además, se le ha visto en más de una ocasión en lecturas de poesía y casi siempre puede encontrársele compartiendo cervezas con otros que sí escriben.

Tabla de materias

Colofón

Este libro se imprimió mecánicamente, no sabemos dónde ni cuándo, por algún robot dedicado a la impresión bajo demanda. Por lo tanto, nos es imposible indicar cuántos ejemplares han sido producidos a la fecha ni cuántos lo serán en el futuro. Esperamos que se haya usado papel Bond blanco y una tapa de cartulina polilaminada a color, con una encuadernación rústica mediante *hotmelt*. Por lo menos estamos seguros de haber usado la tipografía *Book Antigua*, en varios tamaños y variantes, para la mayoría de su interior.

S

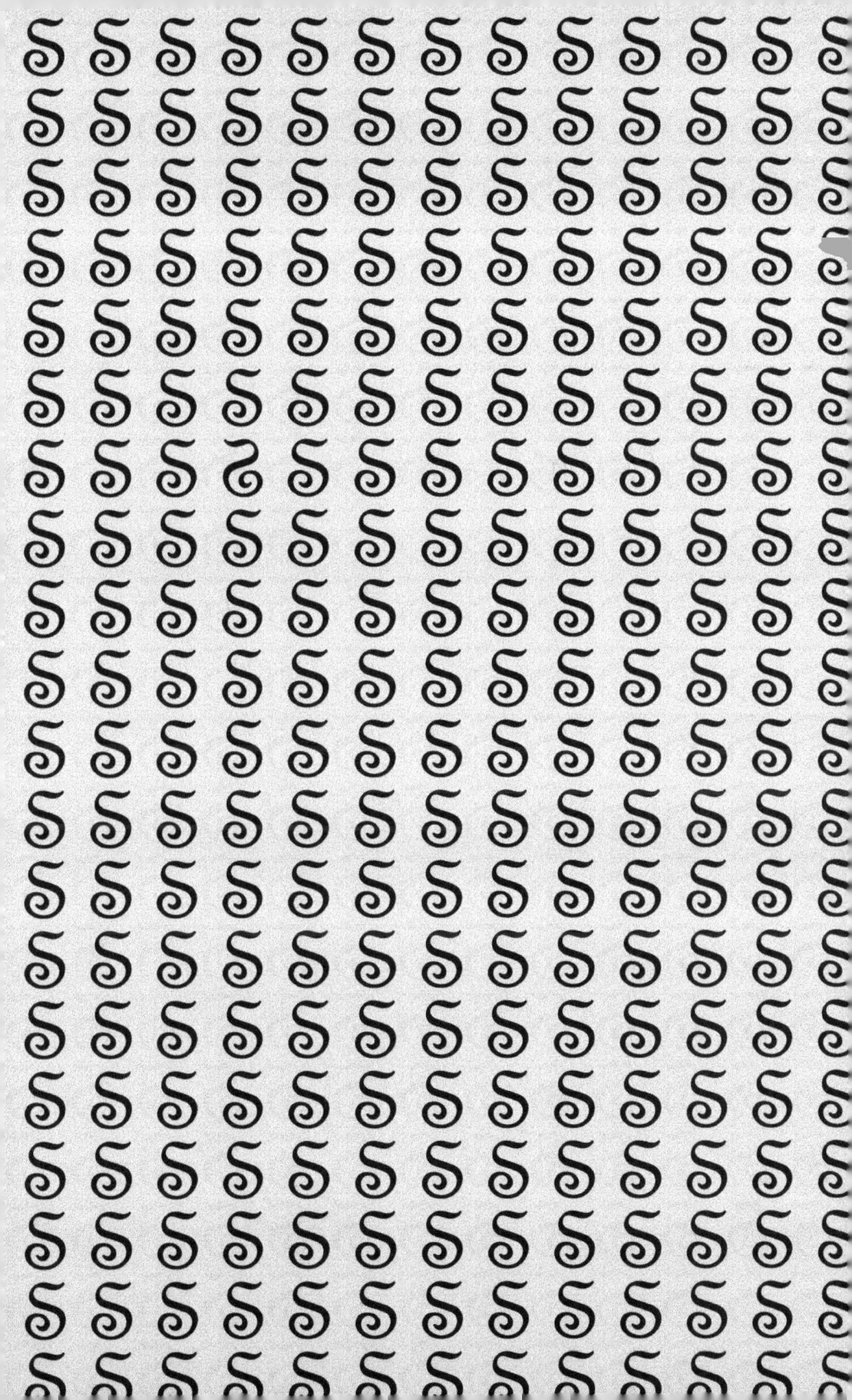

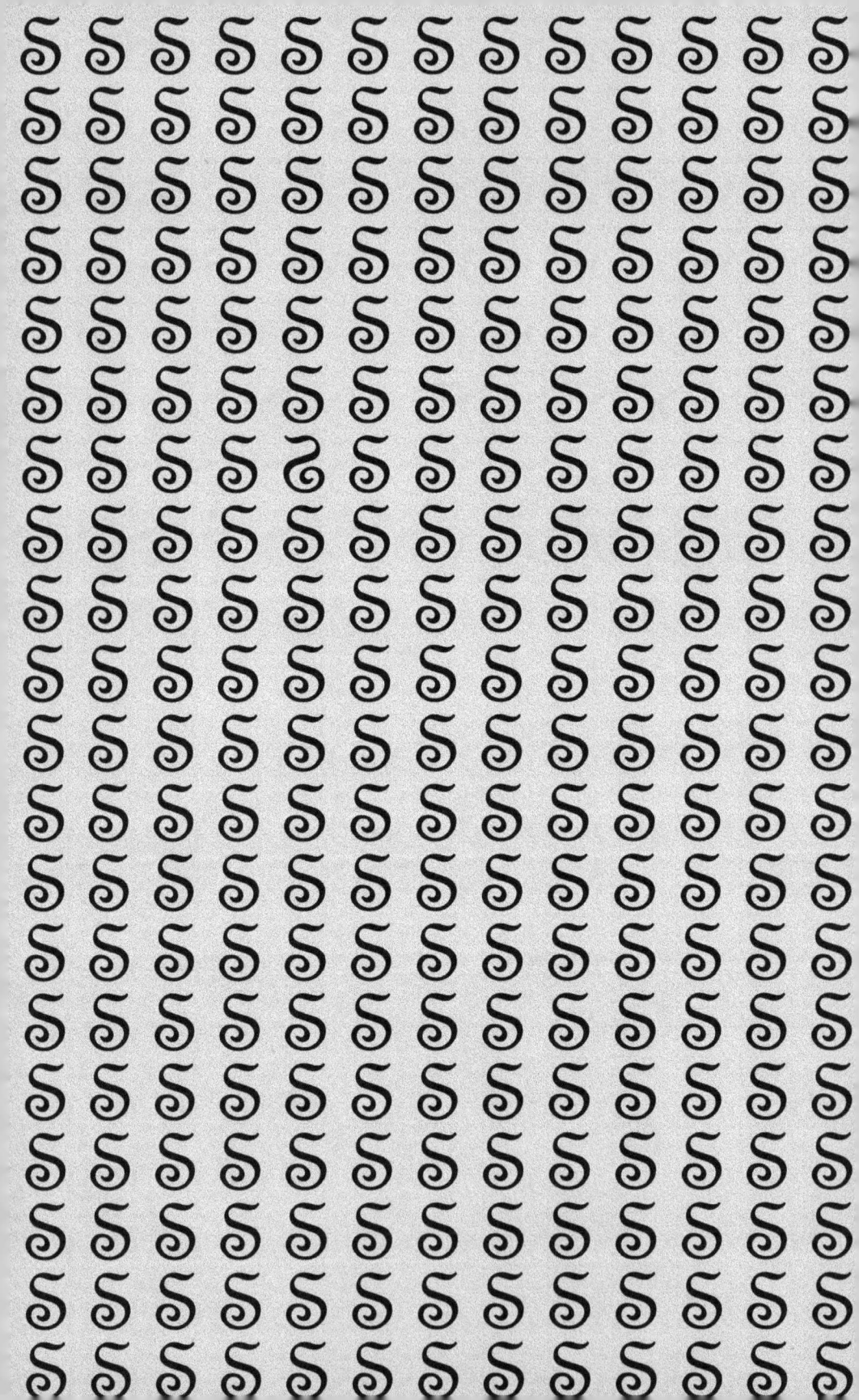